Publications des « TEMPS NOUVEAUX » — N° 64

Pierre KROPOTKINE

L'Idée Révolutionnaire dans la Révolution

Prix : 0 fr. 10

1er Tirage, 10,000 Exemplaires

PARIS

LES TEMPS NOUVEAUX

4, Rue Broca, 4

1913

Les chapitres qui suivent furent publiés dans La Révolte, sous ce titre : « Etude sur la Révolution ».

Au fond cette étude ne fut pas terminée, mais elle fut continuée sous divers titres, et le volume récemment paru chez Stock, « La Science moderne et l'Anarchie », contient le développement de l'idée révolutionnaire, comme nous la comprenons.

Au risque d'être accusé de manque de modestie, j'invite très sérieusement les révolutionnaires qui voudront préciser leur idée révolutionnaire, — celle qu'ils veulent apporter dans la révolution sociale, — de lire mon travail sur La Grande Révolution. Quels qu'en puissent être les défauts, il fera réfléchir sur un point : la nécessité d'apporter dans la prochaine révolution une idée constructive (et destructive en même temps), de la bien penser et d'y pousser vigoureusement, et sur les moyens dont dispose le peuple pour réaliser l'idée dans la vie sociale.

P. K.

L'IDÉE RÉVOLUTIONNAIRE DANS LA RÉVOLUTION

I

Le mot Révolution se rencontre souvent, de nos jours, sur les lèvres des opprimés et même des possédants. De temps à autre on ressent déjà les premiers frémissements des secousses prochaines. Et, comme toujours, aux approches des grandes commotions et des grands changements, les mécontents du régime actuel — si petit que soit leur mécontentement, — s'empressent de se décerner le titre, autrefois si dangereux, de révolutionnaires. Ils ne tiennent pas au régime actuel; ils sont prêts à en essayer un nouveau : cela leur suffit.

Cette affluence, dans les rangs des hommes d'action, d'une masse de mécontents de toute nuance crée certainement la force des situations révolutionnaires et rend les révolutions inévitables. Une simple conspiration de palais, ou de parlement, plus ou moins appuyée par ce qu'on appelle l'opinion publique, suffit pour changer les hommes au pouvoir et quelquefois même modifier la forme du gouvernement. Mais une révolution, pour apporter un changement quelconque dans l'ordre économique, demande le concours d'un nombre immense de volontés. Sans l'appui et le concours plus ou moins actif des millions — point de révolution possible. Il faut que partout, dans chaque hameau, il y ait des hommes qui mettent la main à la démolition du passé; il faut que d'autres millions laissent faire, dans l'espoir de voir surgir quelque chose de meilleur.

Et c'est précisément ce mécontentement, vague, indécis, très souvent inconscient, surgissant dans les esprits à la veille des grands événements,.c'est cette perte de confiance envers le régime existant, qui permettent aux vrais révolutionnaires d'accomplir leur tâche, immense, titanique, — celle de refaire en peu d'années des institutions consacrées par des siècles d'existence.

* * *

Mais c'est là aussi l'écueil sur lequel échouent et s'épuisent la plupart des révolutions.

Quand une révolution arrive, bouleversant les cadres établis de la vie quotidienne ; lorsque toutes les passions, bonnes et mauvaises, éclatent librement et s'étalent au grand jour ; lorsqu'on voit les défaillances à côté des grands dévouements, la poltronnerie à côté de l'héroïsme, les mesquines antipathies et les intrigues personnelles à côté des grandes abnégations ; lorsqu'enfin les institutions du passé tombent et que les nouvelles s'estompent au milieu des changements continuels, — alors l'immense majorité de ceux qui jadis se glorifiaient du nom de révolutionnaire s'empressent de passer dans les rangs des défenseurs de l'ordre. Le bruit de la rue, l'instabilité des institutions qui s'essaient, l'insécurité du lendemain, les ont bientôt fatigués. Ils craignent, d'une part, de voir sombrer dans la tourmente jusqu'aux menues variations déjà accomplies ; et ils ne comprennent pas que le plus petit changement dans les institutions économiques implique déjà une modification profonde dans toutes les conceptions politiques de la société, et que la moindre des modifications politiques ne s'accomplira qu'à la suite de changements bien plus larges dans la vie économique. Et, voyant la contre-révolution venir, ils s'empressent de .se réhabiliter à ses yeux. Les passions populaires, et leur expression quelquefois grossière leur répugnent ; encore plus — les passions mesquines des meneurs. Bientôt, ils ont assez de la révolution et ils courent se ranger parmi ceux qui appellent le repos, l'apaisement.

Parmi ceux-là le passé recrute ses plus ardents défenseurs, d'autant plus ardents qu'ils en ont sacrifié une part, — la moins essentielle, évidemment. Ils prennent en haine ceux qui les entraînent à aller plus loin. Et ils sont d'autant plus dangereux que, s'emparant des procédés révolutionnaires, ils les mettent au service du passé. Ils *osent*, là où la réaction n'oserait pas sans eux, et ils frappent précisément ceux qui veulent saper plus profondément les anciennes institutions, ceux qui veulent marcher davantage vers l'avenir. Ceux-là font les Robespierre et les Saint-Just qui guillotinaient « les enragés » sous prétexte de sauver la révolution, mais en réalité pour y mettre un frein.

———

On ne se reconnaît pas de suite entre amis et ennemis de la révolution pendant une période de lutte. Mais aussi, il faut dire que les historiens des révolutions passées ont tout fait pour contribuer à semer le chaos dans les idées à cet égard.

Prenons seulement la grande révolution française. L'idéal des uns est Mirabeau, qu'une place de ministre constitutionnel de Louis XVI eût parfaitement satisfait. Pour les autres, c'est Danton, le patriote audacieux contre les Allemands, mais manquant d'audace dans les questions économiques, — le tribun qui, pour repousser l'invasion, s'accomodait d'un roi constitutionnel, de paysans asservis aux propriétaires bourgeois et d'agiotage sur les propriétés foncières — tout cela s'amalgamant à merveille avec son esprit révolutionnaire.

Pour d'autres, c'est Robespierre — « le juste » qui guillotina les révolutionnaires lorsqu'ils parlèrent d'égalité des fortunes et d'athéisme, — l'homme qui, en été 1793, au moment où le peuple de Paris souffrait la famine, insistait aux Jacobins pour que l'on discutât les avantages de la constitution anglaise ! Pour d'autres, enfin, c'est Marat, qui demanda un jour deux cent mille têtes d'aristos, mais qui n'osa pas se faire le porte-voix de ce qui passionnait les deux tiers de la France, notam-

ment la question de savoir à qui appart' adrait le sol
labouré par le paysan ? Et, pour que ques farceurs,
enfin, l'idéal c'est le procureur de la république qui
s'acharnait à demander les têtes des duchesses et de leurs
servantes — surtout des servantes, car les duchesses
étaient à Coblentz, — pendant que les bandes noires
des bourgeois pillaient la France, affamaient le tra-
vailleur et faisaient les fortunes scandaleuses que l'on
vit apparaître sous le Directoire.

Quant au grand nombre des révolutionnaires, ils ne
connaissent, malheureusement, des révolutions passées,
que le côté théâtral, raconté avec force effet par les historiens, et ils se doutent à peine de l'immense travail ac-
compli en France pendant les années 1789-1793 par les
millions d'inconnus — travail qui fit que la France en
1794 se trouva une nation tout à fait différente de ce
qu'elle avait été cinq ans auparavant.

C'est pour aider aux révolutionnaires actuels à se
guider un peu dans ce chaos que nous entreprenons cette
étude. Nous voudrions faire ressortir la nécessité de bien
distinguer à l'avance entre les révolutionnaires tout
de bon, et ceux qui se disent nos alliés, mais qui seront
bientôt nos ennemis. Nous essayerons de montrer
aux révolutionnaires la tâche immense qu'ils auront
à accomplir, les prévenir des déboires que les atten-
dront, s'ils s'imaginent la révolution prochaine sur
le modèle de ce que les historiens nous ont conté sur
les révolutions passées. Nous voudrions enfin leur
montrer quel déploiement d'énergie, quelle audace de la
pensée, quel travail intense, acharné, la révolution de-
mandera à ceux de ses fils qui voudront lui donner leurs
vies, leurs forces au jour le jour, — tout aussi impor-
tantes pour le succès de la révolution, sinon plus, que
les coups de fusil échangés à un moment critique.

II

L'audace de la pensée et l'initiative pour entraîner les masses à mettre en exécution ce que l'on ose penser — voilà ce qui, de tout temps, a manqué aux révolutionnaires dans les révolutions précédentes. C'est encore ce qui menace de manquer dans la prochaine révolution.

Qui donc, en étudiant les révolutions du passé, ne s'est pas demandé avec douleur : — « Pourquoi tant d'efforts, tant de dévouements sublimes, tant de sang versé et de familles en deuil, tant de bouleversements, pour aboutir à de si maigres résultats ? » Cette question revient constamment dans la littérature, dans les conversations, dans la propagande révolutionnaire.

C'est que d'une part, on ne se rend généralement pas compte des obstacles immenses que toute révolution rencontre dans les partisans aveugles ou conscients du passé. On est trop prêt à amoindrir leur force, leur obstination à revenir en arrière, à sauver leurs privilèges ; on oublie leurs conspirations et leurs intrigues, leur travail en dessous, lorsqu'ils ne peuvent plus livrer de bataille rangée. On oublie, en un mot, que les révolutions sont toujours faites par des minorités.

Mais on oublie aussi que si les révolutionnaires ont généralement déployé un courage et une témérité formidables dans leurs actes, ils ont toujours manqué d'audace dans leurs pensées, leurs buts, leurs conceptions de l'avenir. Cet avenir même, ils le rêvaient en lui prêtant les formes de ce même passé contre lequel ils se révoltaient. Le passé les tenait liés jusque dans leur élan vers l'avenir.

Ils n'osaient pas frapper le coup décisif et tuer l'ancien régime dans ce qui faisait sa vraie force : sa religion, sa fortune, son obéissance à la loi, sa centralisation, son armée, sa police, ses prisons. Ils n'osaient pas démolir assez, pour ouvrir les portes larges à la vie nouvelle. Et de cette vie nouvelle leurs conceptions étaient si vagues, et par conséquent si timides, si étroites, qu'ils n'osaient pas, même dans leurs rêves, toucher aux fétiches qu'ils avaient adorés dans leur passé d'esclaves.

L'héroïsme du cœur, mis au service d'un cerveau timide — pouvait-il donner de grands résultats ?

Quand on réfléchit, en effet, aux événements de la Grande Révolution, on ne peut s'empêcher d'être frappé par la témérité des *actes* de nos grands-pères et la timidité de leur *pensée*. Procédés ultra-révolutionnaires ; pensées timides, conservatrices. Prodiges de bravoure et d'énergie, mépris suprême de la vie et de ses joies, — et timidité incroyable dans la conception de l'avenir le plus proche. Des mois et des années se passent avant que le peuple ose toucher à l'un des fantoches qu'il avait jadis entourés de son respect, et qu'il oblige ses meneurs — les hommes qu'il vénère et auxquels il obéit — à faire le sacrifice d'une seule des institutions du passé. Voilà le trait distinctif de la Révolution. C'est l'image du soldat qui fait preuve d'un courage et d'une témérité invincibles pour enlever une batterie ennemie, sans oser porter son regard au-delà de la batterie, sans oser jeter un coup d'œil d'ensemble sur la guerre, ses causes, son but.

Le peuple sans armes marche contre les épaisses murailles et les canons de la Bastille ; des femmes courent à Versailles et ramènent un roi prisonnier ; partout, dans chaque petite ville, quelques hommes armés de triques s'emparent des municipalités sans se soucier de ce que demain ils seront probablement pendus par la municipalité « rentrée dans la légalité ». Un peuple désarmé envahit les Tuileries et tient le roi, coiffé du bonnet rouge, sous ses piques ; et deux mois plus tard, défiant les Suisses et la garde nationale bourgeoise, il prend les Tuileries d'assaut. Bravant le gouvernement, des inconnus prennent sur eux la responsabilité des massacres de

Septembre. La République, sans armées, minée par les royalistes à l'intérieur, affronte les rois coalisés. Danton demande de l'audace comme moyen suprême pour sauver la Révolution. Les échafauds dans la Convention même, les noyades dans la Vendée, les charettes du supplice — rien n'arrête ces révolutionnaires dans leurs procédés révolutionnaires. Et cependant, tout le long de ce drame grandiose, c'est la timidité de la pensée, c'est l'absence d'audace dans les conceptions, qui plane au-dessus de tout. La médiocrité de la pensée tue, et les nobles efforts, et les grandes passions, et les immenses dévouements.

Alors que la royauté s'effronde aux approches du Dix Août, les Danton, les Robespierre, les Cordeliers mêmes, craignent la République plus qu'ils ne craignent le roi. Il faut l'invasion étrangère, appelée et commandée du fond des Tuileries, pour qu'ils osent penser que la France pourrait bien se passer d'un fantoche couronné.

Alors que le clergé couvre la France entière de sa vaste conspiration contre le nouveau régime, alors que cette conspiration tient en ses mains les deux tiers de la France, les révolutionnaires entourent l'Eglise de leur respect; ils la prennent sous la protection de la Révolution, et bientôt ils guillotineront les « anarchistes » qui auront osé insulter le culte catholique.

Dans les questions économiques leur timidité est encore plus grande, encore plus odieuse. Le régime féodal n'existe plus de fait; le seigneur, chassé par les paysans, a gagné la frontière; les forêts seigneuriales sont saccagées et le gibier exterminé; les redevances féodales ne sont plus payées. Mais les meneurs de la Révolution, jusques dans la Convention, s'évertuent à préserver les derniers débris du régime féodal, pour les transmettre au siècle prochain. Et quand les brillants Girondins ou l'austère Robespierre entendent prononcer ce mot d'égalité des fortunes, ils frémissent à la seule idée que la propriété privée pourrait ne plus être respectée par le peuple. Car — ils l'ont bien retenu du passé — c'est sur la propriété privée que se base l'Etat.

Les meneurs, il est vrai, sont en retard sur tous ces points. Le peuple les devance dans son émancipation du passé ; il voit plus loin qu'eux. Mais cette vision de l'avenir est si vague, si obscure, si flottante ! Au sein même du peuple, les idées sont si partagées que ce vague, ces hésitations, se transmettent à toute la Révolution. Le boucher Legendre qui lance le peuple dans les Tuileries au 20 Juin, n'ose même pas rêver de détrôner le roi ; tout comme ce peuple qui tient le roi sous ses piques, il n'ose pas pousser la pointe de la pique pour en finir avec la royauté.

Et, plus tard, quand la conspiration communiste de Babœuf vient à éclater, les Montagnards mêmes sont pris de surprise. Ils ont bien connu de vagues aspirations populaires vers l'égalité socialiste, mais ils sont tout étonnés de leur trouver un programme. Leur pensée n'avait jamais osé aller si loin ; et le peuple non plus n'avait su donner corps à ses aspirations.

Même chose en 1848.

Après toute la propagande socialiste des quinze années précédentes, après Fourier et Cabet, après tout ce qui a été dit dans des milliers de réunions et imprimé dans des centaines de brochures en faveur du communisme, — le droit à la vie et le droit au bonheur y sont déjà, — eh bien, après toute cette propagande, les révolutionnaires « démocrates », c'est-à-dire ceux qui se croient révolutionnaires et passent pour tels, et même les plus avancés d'entre eux, sont prêts à fusiller quiconque parlera communisme. Tout ce qu'ils osent penser, c'est la république démocratique, c'est l'association subventionnée par l'Etat ; et ils laissent un Bonaparte exploiter les vagues aspirations communistes du peuple pour s'en faire un trône.

Sous la Commune de Paris, en 1871, c'est encore la même chose. Les farouches révolutionnaires qui ne courbent pas le front devant les forces formidables de la réaction qu'ils ont à combattre, n'ont pas *la pensée révolutionnaire*. De la Révolution, ils ne connaissent que ses procédés — procédés qui, selon eux, consistent à tourner contre le vieux gouvernement les armes qu'il a usées jusqu'à présent contre ses adversaires. Ils rêvent une Commune reproduisant en miniature l'Etat qu'ils renversent. Et pendant que des idées de révolution économique travaillent confusément les cerveaux du peuple, ils ne pensent qu'à établir la dictature politique de la Commune, en se disant que les réformes économiques pourront venir plus tard. Ils ne se doutent même pas que l'unique moyen de rallier les masses ouvrières sous les drapeaux de la Commune, c'est d'inaugurer une révolution économique ; encore moins pensent-ils que si la Commune de 1871 doit succomber, elle doit léguer au moins à ceux qui, un jour, reprendront son œuvre, l'idée d'une révolution populaire, des *pauvres* contre les *riches*, des *travailleurs* contre les *oisifs*. Aucune idée nouvelle, aucune de ces pensées qui révolutionnent le vieux monde, ne surgit dans ces esprits, si révolutionnaires dans leurs actes et si timides dans ce qu'ils veulent, pétris qu'ils sont sur les modèles mêmes du passé auquel ils déclarent la guerre.

Sommes-nous mieux placés aujourd'hui, à la veille de la prochaine révolution ? Avons-nous l'audace de la pensée et la force d'initiative qui font les révolutions ? En face de ce passé qui nous révolte, en face de sa soumission, de son organisation autoritaire, de son hypocrisie, de ses mensonges, avons-nous la pensée révolutionnaire qui saura renier ce passé, non pas dans son ensemble seulement, mais dans toutes ses manifestations quotidiennes ? Saurons-nous porter la hache, non pas seulement sur les institutions actuelles, mais sur les idées mêmes qui présidèrent à leur développement ? Sommes-nous révolutionnaires, en un mot, dans nos pensées autant que dans nos procédés et dans nos actes ? Notre énergie sera-t-elle mise au service d'une idée révolutionnaire ?

III

Il est certain que bien des choses devraient contribuer à donner aux hommes de notre siècle une audace de la pensée qui manquait à nos grands-pères.

Le grand réveil des sciences naturelles auquel notre génération a assisté ou pris part, est fait pour donner à la pensée une audace sans précédents. Des sciences entières, créées d'hier, sont venues nous ouvrir des horizons immenses que nos pères ne pouvaient entrevoir.

L'unité des forces physiques, expliquant l'ensemble des phénomènes de la nature, y compris la vie psychique des animaux et de l'homme, nous a permis d'arriver à des conceptions audacieuses sur l'ensemble des phénomènes naturels.

La critique des religions s'est faite avec une profondeur, et quelquefois une audace, jadis inconnue et impossible. Tout l'échafaudage des préjugés vénérés concernant l'origine divine des institutions humaines et les soi-disant « lois de la Providence, » qui servaient à expliquer et à perpétuer l'esclavage — tout cet échafaudage a croûlé sous la critique de la science. Et cette critique a déjà pénétré dans les profondeurs des masses.

L'homme a pu comprendre sa place dans la nature. Il a pu entrevoir que lui-même a fait ses institutions et que lui seul pourra les refaire.

D'autre part, l'idée de stabilité qui s'attachait autrefois à tout ce que l'homme voyait dans la nature, fut ébranlée, détruite, mise à néant ! Tout change dans la nature, tout se modifie incessamment : systèmes solaires, planètes, climats, espèces de plantes et d'animaux, espèces humaines. — Pourquoi les institutions humaines devraient-elles se perpétuer ?

Rien ne dure, tout se modifie : le rocher qui nous semble immobile, le continent que nous nommons « terre ferme », ainsi que les habitants, leurs mœurs, leurs coutumes, leurs conceptions. Ce que nous voyons autour de nous n'est qu'un phénomène passager qui *doit* se modifier, car l'immobilité serait la mort. Voilà les conceptions auxquelles la science moderne nous habitue.

Mais cette conception date presque d'hier. Arago est presque notre contemporain. Et cependant, quand il parlait un jour de continents qui tantôt surgissent des mers et tantôt s'engloutissent sous les flots, un ami savant lui fit cette remarque : « Mais vos continents pousseraient donc comme des champignons ? » Tellement l'idée d'immobilité, de stabilité dans la nature, était enracinée à cette époque dans les esprits. Aujourd'hui, le changement continuel, l'évolution, est un des termes les plus populaires.

Et l'on commence aussi à comprendre, quoique vaguement, que la révolution n'est qu'une partie essentielle de l'évolution : qu'aucune évolution ne s'accomplit dans la nature sans catastrophes. Aux périodes de changements très lents succèdent des périodes de changements brusques, accélérés. Les révolutions sont aussi nécessaires pour l'évolution que les changements lents qui les préparent et ceux qui leur succèdent, en en prenant le mot d'ordre.

La vie est un développement continuel, et la plante, l'animal, l'individu, la société, s'ils s'attardent et s'ils restent dans le même état, dépérissent et meurent. Voilà l'idée mère de la philosophie moderne, et l'on saisit de suite combien cette idée doit encourager l'audace nécessaire pour tout changement.

A côté de cela, voyez la rapidité des conquêtes de l'esprit humain durant ce siècle, voyez-en l'audace !

— « Osez ! » Tel est le mot d'ordre de l'art mécanique moderne. Osez concevoir une arche de 600 mètres d'ouverture, jetée en travers d'un bras de mer à une hauteur de cent mètres -- et vous réussirez, comme on a réussi sur le golfe du Forth. Osez concevoir une tour de 300 mètres, et vous l'aurez. Osez percer l'isthme de Suez ou de Panama, et vous unirez les Océans, osez trouer les Alpes et vous réunirez les plaines de l'Europe centrale aux rivages de la Méditerranée. Osez lancer une petite coquille de deux cents tonnes, avec une voilure follement immense, et vous croisez l'Atlantique en quinze jours, rien qu'avec la force du vent. Osez faire marcher la vapeur à quadruple expansion, et vous traverserez cette même Atlantique en cinq ou six jours. Osez mettre un explosible sous le piston de votre moteur ; ne craignez rien, et vous aurez l'auto. Osez lancer la voix humaine de Paris à Londres et vous transmettrez les faibles vibrations de la voix humaine à travers les *quarante* kilomètres d'eau de la Manche. Osez unir l'Irlande aux Etats-Unis par un fil de fer et, posté en Europe, vous ferez lire votre pensée de l'autre côté de l'Atlantique ! Et enfin, osez vous poser pour but la conquête de l'air par une machine plus lourde que l'air, comme l'ont fait quelques français dès les années soixante du dix-neuvième siècle, persévérez malgré les difficultés et vous aurez conquis l'air.

Toute l'histoire de la mécanique moderne n'est qu'une série de variations sur le mot de Danton : « De l'audace et encore de l'audace ! »

Et cette audace gagne déjà la littérature, l'art, le drame et la musique. Osez parler, écrire, peindre, composer, comme le cœur vous en dit ; et si vous avez la pensée, le savoir et le talent, vous serez écouté et compris, quelle que soit la nouveauté de la forme.

Tout cela donne à notre siècle et à sa révolution des avantages immenses. Tout cela stimule l'audace de la pensée du révolutionnaire.

Mais malheureusement, la même audace a manqué

jusqu'à présent dans le domaine de la politique et de l'économie sociale. Ici, dans les idées, comme dans les applications, la timidité règne encore.

Il est vrai que dans tout le courant du siècle passé l'histoire politique n'a eu à enregistrer que des défaites. Les victoires mêmes, remportées çà et là, ont eu tout le caractère de défaites.

Quand on se souvient de l'héroïsme déployé avant 1848 par les patriotes italiens, hongrois, polonais et irlandais pour arriver à la conquête de l'indépendance nationale, et que l'on constate les échecs auxquels ils ont abouti, — on n'y trouve rien d'encourageant. Et quand on voit *comment* l'indépendance de l'Italie et de la Hongrie furent finalement conquises, on rougit pour les patriotes des concessions à l'impérialisme, des honteuses spéculations, des retours en arrière par lesquels leur idéal est arrivé à se réaliser.

Les hécatombes de victimes en Juin 48 et en Mai 71, le militarisme en Allemagne, l'avachissement de la France sous l'Empire, les efforts impuissants de la jeunese russe, et enfin l'échec de la révolution en Russie et les hécatombes de victimes sur lesquelles la réaction célèbre son triomphe, — tout cela n'est pas fait pour réveiller et nourrir l'audace chez celui qui ne voit des faits sociaux que leur surface.

Et quand on songe aux promesses grandioses que fit l'Internationale à ses débuts, aux espérances qu'elle réveilla dans les cœurs ouvriers — et que l'on constate l'avilissement des Partis Ouvriers qui se targuent d'en être les héritiers, — on comprend que le désespoir puisse monter aux cœurs des travailleurs, qu'ils perdent la foi dans l'avenir (1).

Et cependant, rien de plus erroné que cette manière de voir, répandue et nourrie par les découragés de la politique.

Car, dès que l'on pense aux causes des insuccès et des défaites du dix-neuvième siècle, on s'aperçoit de suite que ce qui a amené la défaite, *c'est qu'on n'a pas osé*

---

(1) Ceci fut écrit en 1891, avant le réveil syndicaliste.

assez marcher de l'avant ; c'est qu'on a toujours eu les yeux tournés en arrière.

Alors même que la fougue révolutionnaire s'emparait des individus et des peuples, ils ne cherchaient par leur idéal dans l'avenir. Ils le cherchaient dans le passé.

———

Au lieu de rêver une *nouvelle* révolution, on soupirait après les révolutions anciennes.

En 1793, on rêvait établir une Rome ou même une Sparte antique. En 1848, on voulait recommencer 1792. En 1871, on admirait en secret le jacobin de 1793. L'Allemagne révolutionnaire rêve encore de refaire un 1848 ; en 1888, le Comité exécutif de Pétersbourg avait devant soi Blanqui et Barbès, et en 1905 les révolutionnaires socialistes russes s'imaginaient le 18 mars 1848 à Berlin qu'on leur avait toujours représenté dans leur presse comme une révolution !

Même pour construire une utopie de la vie future, on n'osait transgresser les choses de l'antiquité. La Rome antique pèse encore de tout son poids sur notre siècle. La légende du Club des Jacobins la suit de près, s'y rattache.

———

Tandis que l'ingénieur, le savant et l'artiste jettent franchement le passé par dessus bord, — le politicien et l'économiste cherchent leurs inspirations dans le passé.

Où serait, en effet, l'art de l'ingénieur s'il cherchait ses éléments dans l'art ancien ? Aurions-nous dépassé les ponts et les aqueducs romains, si l'ingénieur ne s'emparait de forces nouvelles, des matériaux nouveaux mis à sa disposition, pour arriver à des conceptions nouvelles ? Sans profiter de ces nouvelles forces, les ingénieurs du pont de Forth n'auraient conçu qu'une maçonnerie cyclopéenne pour barrer le bras de mer et empiler une arche qui n'aurait surpassé les arches romaines que par ses dimensions. Sans l'audace, ils n'auraient pas ouvert une ère nouvelle de l'architecture en s'avisant de jeter en travers du bras de mer deux tours Eiffel de 300 mètres chacune, couchées horizontalement, soutenues chacune à sa base, venant se rejoindre et se supporter mutuellement par leurs sommets.

Et, qu'aurait fait la science de l'évolution des plantes et des animaux, si Wallace et Darwin s'étaient obstinés à puiser les faits et les idées dans de vieux bouquins ? Ils comprirent, ces pionniers, qu'une science nouvelle demandait des observations nouvelles, et ils sont allés questionner la Nature, lui arracher ses secrets dans ses parages des tropiques ; ils sont allés trouver des bases nouvelles pour leurs nouvelles inductions.

Eh bien, c'est ce qui ne se fait, ni dans le domaine de la politique, ni dans celui de l'économie ; et c'est ce qui explique la timidité des conceptions et, partant, les défaites des soulèvements du dix-neuvième siècle.

On n'arrive pas à reconstruire une société nouvelle en portant ses regards en arrière. On n'y arrivera qu'en diant, ainsi que le conseillait déjà Proudhon, les *tendances de la société d'aujourd'hui* pour en déduire la société de demain.

Les conceptions *nouvelles* qui germent dans les esprits, voilà la base, la seule base sur -laquelle peut étudiant, ainsi que le conseillait déjà Proudhon, les *tendances de la société d'aujourd'hui* pour en déduire la fougue révolutionnaire, l'audace de la pensée, nécessaire au succès de la Révolution.

IV

Quand nous jetons un coup d'œil sur la masse des révolutionnaires, marxistes, possibilistes, blanquistes, et même bourgeois — car tous se retrouveront dans la révolution qui germe en ce moment; quand nous voyons que les mêmes partis (qui répondent, chacun, à certaines manières de penser, et non à des questions personnelles, ainsi qu'on l'affirme quelquefois) se retrouvent dans chaque nation, sous d'autres noms, mais avec les mêmes traits distinctifs; et quand nous analysons leurs fonds d'idées, leurs buts et leurs procédés, — nous constatons avec effroi que tous ils ont le regard tourné vers le passé; qu'aucun n'ose envisager l'avenir, et que chacun de ces partis n'a qu'une idée : faire revivre Louis Blanc ou Blanqui, Robespierre ou Marat, plus puissants comme force de gouvernement, mais tout aussi impuissants d'accoucher d'une seule idée capable de révolutionner le monde.

Tous rêvent la dictature : la dictature du Prolétariat, disait Marx, — c'est-à-dire, de ses tribuns; de nous autres, dira l'état-major d'un autre parti, — ce qui revient au même.

Tous rêvent la révolution par le massacre légal de leurs ennemis : le tribunal révolutionnaire, l'accusateur public, la guillotine et leurs salariés — le bourreau et le geôlier.

Tous rêvent la conquête du pouvoir dans un Etat omnipotent, omniscient, traitant la nation comme ses sujets, gouvernant les sujets par des milliers ou des millions de fonctionnaires recevant l'investiture de l'Etat. Louis XVI et Robespierre, Napoléon et Gambetta ne rêvaient pas autre chose que ce gouvernement.

Tous rêvent le gouvernement représentatif, comme

« couronnement de l'édifice », qui devra sortir de la révolution après une période de dictature.

Tous prêchent l'obéissance absolue à la loi, faite par les dictateurs.

Tous n'ont qu'un rêve, celui du Comité de Salut Public : massacrer quiconque osera penser autrement que les chefs du pouvoir. Le révolutionnaire qui osera penser et agir à l'encontre de leurs volontés devra périr : il périra surtout s'il ose aller plus loin. Si un Marat peut être encore toléré, « l'au-delà de Marat, » — les communistes et ceux qu'on surnomma les « Enragés » — devront périr sur l'échafaud.

Tous veulent, sous une forme ou sous une autre, le maintien de la propriété, soit privée, soit administrée par l'Etat, et le droit d'en user et d'abuser ; la rénumération selon les œuvres ; la charité organisée par l'Etat.

Tous rêvent enfin de tuer toute initiative de l'individu et du peuple. Penser, disent-ils, c'est une science, un art, qui n'est pas fait pour le peuple. Si, plus tard, il sera permis au peuple de se prononcer, ce sera pour élire des chefs qui penseront et légiféreront pour lui, et non pas pour chercher soi-même et essayer des solutions qui n'auront pas été discutées par les prêtres de la pensée. Marx ou Blanqui ont assez pensé pour notre siècle, comme Rousseau avait assez pensé pour le dix-huitième, et ce qui n'aura pas été prévu par un chef d'école n'aura pas de raison d'être.

Voilà le rêve de quatre-vingt-dix-neuf pour cent de ceux qui usurpent le nom de révolutionnaires. La tradition jacobine les étouffe, comme la tradition monarchique étouffait les jacobins de 1793.

———

Aussi, si vous allez dans une réunion de travailleurs qui ont reçu l'éducation soi-disant révolutionnaire, mais qui n'ont pas été entamés par la propagande anarchiste, et si vous leur demandez : « Que va-t-on faire pendant la révolution ? » — combien de voix trouverez-vous pour vous répondre que l'on s'installera dans les maisons des riches, que l'on se répartira la nourriture, que l'on passera la bêche et le marteau au policier et au banquier, que l'on rasera les prisons ? Combien vous diront que l'on fera, en un mot, des tentatives *d'introduire une vie nouvelle*, dans laquelle le salarié ne sera plus forcé de vendre sa force de travail à un exploiteur, pour avoir de quoi payer d'autres exploiteurs : le propriétaire, l'accapareur des vivres, le banquier, le brocanteur ?

Combien de soi-disant révolutionnaires oseront émettre ces idées sans en référer d'abord à leurs meneurs ? Il n'y aura qu'une chose sur laquelle tous se prononceront d'emblée. Ce sera le massacre « des ennemis de la révolution ». Et celui qui promettra d'en massacrer le plus, sera reconnu sur le champ pour un vrai révolutionnaire, alors même qu'il serait timide comme un bébé pour se prononcer sur la moindre des mesures qui font les révolutions.

Chair à mitraille hier, chair à mitrailler demain — le peuple ne doit pas en sortir. Pour le reste, on y pensera en haut lieu.

———

Nous l'avons déjà dit ailleurs. Quand un peuple se venge de ceux qui l'ont si longtemps opprimé, personne n'a le droit de lui faire la leçon. *Celui-là seul, qui lui-même a souffert* TOUT *ce que le peuple a souffert* a le droit d'intercéder en pareille occasion.

Celui-là seul qui a entendu ses enfants pleurer de faim et vu mourir d'inanition; qui a couché sous les ponts et subi toutes les transes, toutes les humiliations de la misère, qui a battu les routes sans gîte ni pain, ou rôdé affamé dans la neige pendant une retraite de Bourbaki, alors que les messieurs couchaient dans les hôtels — celui-là seul a le droit de juger les vengeances populaires et d'intercéder, lui, le paria d'hier, en faveur de ses oppresseurs. — Et encore !

N'a-t-on pas enseigné au peuple, depuis des milliers d'années, la vengeance ? N'en a-t-on pas fait un droit sacré, béni par la religion, imposé par la loi — une déesse, qui, en mutilant le corps du malfaiteur, « rétablit la justice par lui outragée ? » Tout le monde n'a-t-il pas approuvé la vengeance par l'assassinat légal ? Tout le monde n'a-t-il pas payé le bourreau et le geôlier ?

Aussi, aurait plein droit de parler, celui-là seul qui aurait eu le courage, sous le régime actuel, de se révolter, qui se serait révolté de fait contre le bourreau et le juge en pleine place de la Roquette. Ceux qui ne l'ont pas fait, n'ont qu'à se taire ; c'est à peine s'ils osent parler pitié. Car dans des journées de Septembre, c'est *leur* éducation qui parla, c'est *leur* principe de vengeance légale qui fut mis en pratique, c'est *leur* mépris de la vie humaine qui porta ses fruits.

C'est mille années d'enseignement chrétien et romain, mille années de misère, — toute l'histoire, — qui parlent dans ces terribles journées. Le révolté contre toute l'histoire a seul le droit de se lever contre elles.

———

Mais tout autre est la terreur qui renie son caractère de vengeance et qui s'érige *en principe d'Etat*, se pavane comme principe révolutionnaire. C'est celle-là qui est chère au Jacobin. Car il sait que les fureurs populaires s'éteignent avec les premières victimes et cèdent bientôt la place à la pitié. Aussi lui faut-il, pour suppléer au vide de sa pensée révolutionnaire, la terreur légale, comme incarnation de la révolution.

Celui-là *sait* qu'il lui serait impossible de massacrer même une minime partie de ceux qui ont intérêt à s'opposer à la révolution. Il sait que les bourgeois c'est la majorité de la nation — n'en déplaise aux nigauds qui croient voir une telle concentration du capital qu'il ne restera bientôt plus, dans leur imagination, que les masses prolétaires gouvernées par une poignée de bourgeois. Combien sont-ils, en effet, les bourgeois et les salariés en France ?

En comptant tous les salariés, y compris les salariés fonctionnaires, les salariés laquais, les salariés parfumés des grands magasins et des banques, les galonnés des chemins de fer — toute la clique, enfin, de salariés, plus bourgeois que les bourgeois les plus fieffés, — le recensement de 1881 n'en trouvait en France, tout compté, que 7 millions sur 37 millions d'habitants. Avec leurs familles ils font moins de 20 millions.

Et le reste, soit 17 millions, sont les paysans, propriétaires ou fermiers de leur lopin et les bourgeois avec leurs familles. Si on en déduit 5 millions de paysans, plutôt prolétaires que propriétaires, il reste près de *douze millions de bourgeois* — sans compter leurs valets — qui vivent du travail d'autrui.

Douze millions en France, une quinzaine de millions en Angleterre.

Aussi nos Jacobins modernes n'osent-ils pas parler d'un massacre des bourgeois. — « Il suffira, disent-ils, de quelques mille têtes pour les réduire tous à l'inaction. La terreur les fera rentrer sous terre ».

Eh bien, ce raisonnement prouve une chose, c'est que grâce aux fables débitées par les bourgeois jacobins sur la Grande Révolution, le peuple n'a rien appris dans sa propre histoire.

Et d'abord, c'est quand la révolution jacobine se mourait déjà, faute de ne pas oser marcher plus loin, là où la poussait le peuple, — que le règne de la Terreur fut inauguré. Et c'est précisément sous la Terreur que les petits crevés, les muscadins, s'organisèrent en bandes pour insulter le peuple, reprendre le train de vie des talons rouges, acclamer la contre-révolution qui régnait déjà sur les trois-quarts de la France.

Edgar Quinet en a donné l'explication. C'est que la démocratie ne vaut rien pour manier la Terreur. Pour apprendre à la manier, avec les mêmes résultats que l'Eglise catholique et les rois en ont obtenu, la démocratie devrait l'apprendre chez les Louis XI, les Jean le Terrible, les tsars de Russie. La démocratie y met trop d'éclat; le peuple reste trop bon enfant, même lorsqu'il danse la *Carmagnole* autour des têtes plantées sur des piques.

Les rois et les tsars n'en font pas d'éclat. Ils frappent un coup et font trembler les autres de peur d'avoir le même sort. Ils ne promènent pas leurs victimes dans les rues : ils les étouffent dans les prisons. Alexandre III, en montant sur le trône, choisit cinq victimes, dont une femme, et les fait pendre. Et encore regrette-t-il de les avoir fait pendre sur la place publique, ce qui a permis à Vereschaguine de les immortaliser sur une toile. Le reste est muré à Schlusselbourg et si bien muré que pendant dix ans on n'a pu avoir un mot, un signe de vie des prisonniers. Il sait que la terreur de l'inconnu agit plus fort sur les esprits que la mort en plein soleil sur la place publique (*).

Eh bien, Quinet a mille fois raison de dire que cette terreur-là, le peuple ne saura jamais la manier. Elle lui répugne. Et cependant, c'est la seule qui terrorise. L'autre, apitoye sur les victimes, l'autre est trop franche pour que le peuple lui-même ne s'en dégoûte bientôt. Le procureur de la Commune, la charette remplie de victimes, la guillotine, lui inspirent bientôt le dégoût. Il s'aperçoit bientôt que cette terreur prépare ce qu'elle doit préparer — la dictature · - et il brise la guillotine.

Le peuple ne règne pas par la terreur. Inventée pour forger les chaînes, la terreur, surtout quand elle est couverte par la légalité, forge les chaînes pour le peuple.

C'est que pour vaincre, il faut bien plus que la guillotine, bien plus que la terreur. Il faut l'*idée* révolutionnaire, la conception vraiment révolutionnaire, large, qui

---

(*) Ces lignes restent, comme elles furent écrites en 1891. Depuis lors, la Russie a connu la Terreur blanche de Nicolas II. Celle-ci se chiffre par 20.000 massacrés par ses bourreaux et 80.000 ou 100.000 emprisonnés ou déportés en Sibérie. Voyez la brochure *La Terreur en Russie* (P. V. Stock, éditeur, Paris, 1910).

réduise les ennemis à l'impuissance en paralysant tous les instruments par lesquels ils ont gouverné jusqu'à présent.

Bien triste serait l'avenir de la révolution si elle n'avait que la terreur pour triompher. Heureusement, elle a d'autres moyens autrement puissants.

Et il germe déjà une nouvelle génération de révolutionnaires qui cherchent à savoir quels autres moyens peuvent leur assurer le triomphe. Ils savent que pour cela ils doivent, avant tout, enlever aux représentants de l'ancien régime leurs instruments d'oppression, — leurs propriétés. Ils savent qu'il faut démolir *sur les lieux*, dans chaque ville et hameau, le principal instrument de toute oppression, — l'Etat, aves ses impôts, ses bureaux (manufactures de monopoles et de monopolistes), ses tribunaux et ses lois, — ces principaux suppôts de tous les monopoles. Ils savent, surtout, qu'il faut *inaugurer de nouvelles formes de vie sociale* dans les communes affranchies, en procédant à socialiser les maisons habitées, les instruments de production, les moyens de transport, les subsistances et l'échange de tout ce qui est nécessaire pour la vie.

LA PRODUCTRICE (Ass. Ouv.), 51, rue Saint-Sauveur, Paris. — 2090. — Téléphone 121-78.

A LIRE

Notre Société est travaillée par un malaise général qui se traduit par des conflits que nos gouvernants solutionnent dans la rue par des coups de fusils ; à la Chambre, par des lois, dites ouvrières.

Les travailleurs ne savent pas davantage où trouver le remède. Tantôt, ils refusent toute confiance aux députés, aux gouvernants, et, aux périodes d'élection, ils se précipitent aux urnes pour en faire sortir celui qui leur aura fait les promesses les plus mirobolantes.

Devant le renchérissement de la vie, ils n'ont d'autre solution que de faire augmenter leur salaire, ce qui entraîne une nouvelle hausse des produits. Ce petit jeu peut durer indéfiniment.

S'ils veulent sortir un jour de leur situation précaire, il faut que les ouvriers apprennent quelles sont les causes de leur misère, et en cherchent eux-mêmes les moyens. La lecture des *Temps Nouveaux* pourra les aider.

Il existe une légende que la lecture en est ardue. C'est une erreur propagée par ceux qui s'imaginent qu'un journal doit leur apporter la solution de tous les problèmes. Evidemment, la lecture d'un article sociologique n'est pas aussi distrayante ni aussi amusante qu'un roman de Paul de Kock, mais il n'y a nullement besoin d'études préparatoires pour le comprendre.

Les collaborateurs des *Temps Nouveaux* n'ont pas la prétention d'apporter une solution toute faite à tous les maux sociaux. Ils espèrent seulement amener le lecteur à réfléchir par lui-même.

Quelques numéros d'essai seront expédiés gratuitement à ceux qui en feront la demande

---

Les " TEMPS NOUVEAUX "

paraissant tous les samedis avec un Supplément littéraire

Les réclamer dans tous les kiosques

PRIX DU NUMÉRO : 0 FR. 10

Administration et Rédaction : 4, Rue Broca, PARIS-V^e

PRINCIPAUX COLLABORATEURS :

P. Kropotkine, Jean Grave, P. Reclus, Malatesta, M. Pierrot, R. Ghaughi, André Girard, Delzant, Michel Petit, Max Clair, R. de Marmande, De Saumanes, G. Dumoulin, Nettlan, Simplice, A. Pratelle, Serge-Bernard, etc.

9 782013 458139